Hh

Ransom

hat

hot dog

harp

hill

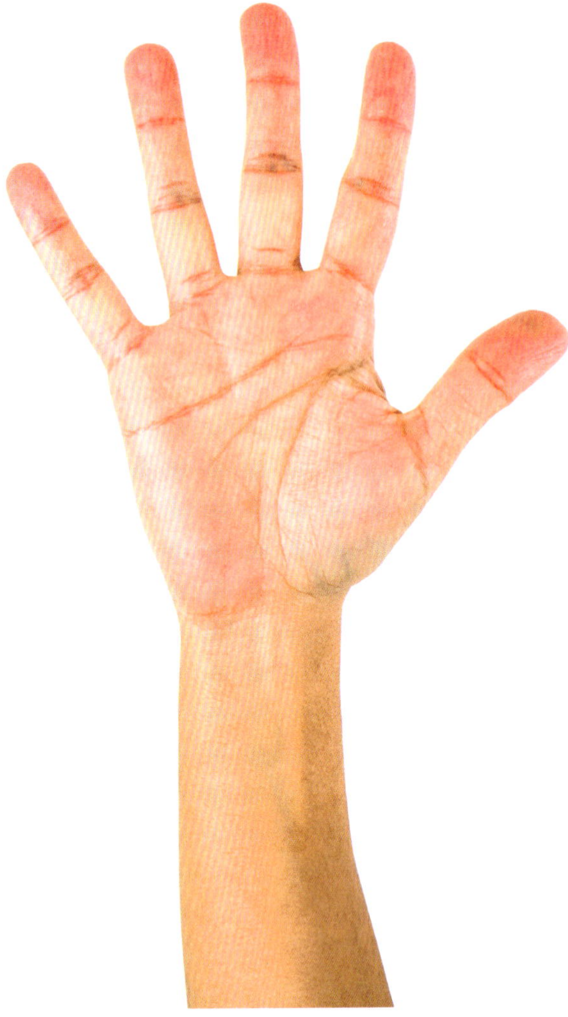

hand

hamster

beehive

horse

h h h h

h h h h

Hh

hat

hot dog

harp

hill

hand

hamster

beehive

horse

The picture on page 10 is of a hedgehog.

Ransom Alpha Stars

Aa	Rr	sh
Bb	Ss	th
Cc	Tt	ng
Dd	Uu	ai
Ee	Vv	ee
Ff	Ww	oa
Gg	Xx	igh
Hh	Yy	oo
Ii	Zz	ar
Jj		or
Kk	ck	ur
Ll	ff	ow
Mm	ll	oi
Nn	ss	ear
Oo	zz	air
Pp		ure
Qu/qu	ch	er

Ransom Alpha Stars

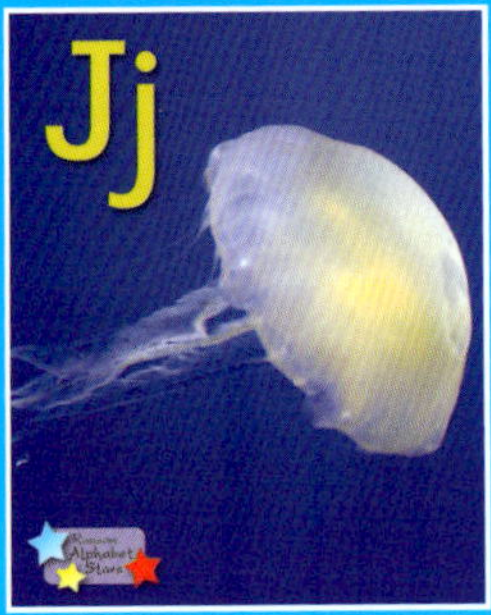

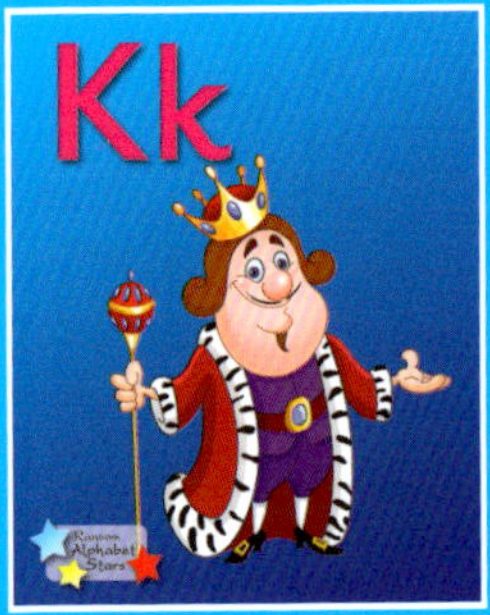

ISBN: 978-178591-156-9

9 781785 911569

www.ransom.co.uk

Ransom

Alpha Stars